LK 191.

Ville d'Amiens.

PROCÈS-VERBAL

D'INAUGURATION

DU

MARCHÉ DE LANSELLES.

VILLE D'AMIENS.

PROCÈS-VERBAL

D'INAUGURATION

DU

MARCHÉ DE LANSELLES.

L'an mil-huit cent-cinquante, le Dimanche vingt-sept octobre,

A été inauguré solennellement l'Édifice élevé sur la place du Marché-aux-Herbes pour la vente des fruits et des légumes.

L'historique de cette construction doit être retracé ici :

Le *Marché-aux-Herbes*, couvert d'échoppes informes, offrait un aspect véritablement indigne d'une grande cité ; ces échoppes, disséminées sans ordre et d'une malpropreté pour ainsi dire inévitable, faisaient d'une des plus régulières et des plus vastes places de la ville, une agglomération aussi hideuse qu'insalubre.

Depuis longtemps, le Conseil Municipal se préoccupait de la pensée de les faire disparaître en établissant une halle couverte.

Une première proposition lui ayant été soumise à ce

sujet par l'administration, le 1.er février 1847, il avait adopté, sur le rapport d'une commission spéciale, déposé dans sa séance du 27 décembre même année, un projet composé de loges formant plusieurs groupes isolés et parallèles. Les évènements politiques ont mis obstacle à l'exécution de sa délibération qui porte la date du 21 février 1848.

Les deniers communaux, même accrus à l'aide de ressources extraordinaires qui ont engagé pour longtemps l'avenir, étaient alors absorbés par des nécessités impérieuses devant lesquelles toute pensée d'amélioration urbaine devait s'effacer.

Mais un évènement considérable dans les annales de la ville d'Amiens est venu tout-à-coup offrir au Conseil le moyen de satisfaire au vœu général et au double intérêt d'assainissement et d'embellissement qui s'attachait à l'exécution d'un marché couvert.

Par son testament olographe, en date du 30 août 1846, déposé en l'étude de M.e Riquier, notaire, M. MATHIEU-JOSEPH DE LANSELLES, rentier, décédé en cette ville, passage de la Comédie, n.° 8, le 17 novembre 1848, a institué la ville d'Amiens sa légataire universelle.

Cet acte, par lequel M. de LANSELLES s'est placé au nombre des plus généreux bienfaiteurs de la cité, est une page trop précieuse pour elle pour n'être point retracée ici tout entière :

Testament.

» Au nom et présence de la très-Sainte-Trinité, Dieu Père,
» Fils et Saint-Esprit,

» Je, soussigné, déclare ceci être mon testament :

» N'ayant aucune personne de parenté prochaine ou éloignée

» qui puisse prétendre à ma succession, j'institue comme mon
» légataire universel la Ville d'Amiens, à qui je laisse tous mes
» biens, meubles et immeubles, pour, après mon décès, en jouir
» en toute propriété sans autre charge que celle d'exécuter mes
» dernières volontés énoncées comme il suit :

» 1.° Je donne et lègue à l'hospice dit de Saint-Charles
» d'Amiens, la somme de mille francs une fois payée.

» 2.° Je donne et lègue aux pauvres de ma paroisse la somme
» de cinq cents francs pour leur être distribuée par M. le curé.

» 3.° Je donne et lègue à M. Natalis Fiquet, cultivateur à
» Dury et fils aîné de feu M. Jean-François Fiquet, du même
» lieu, la somme de deux mille francs une fois payée.

» 4.° Je donne et lègue à Julie Godard, actuellement ma
» servante, ou à telle autre qui serait chez moi à l'époque de
» mon décès le mobilier de sa chambre à coucher, aussi tous
» ustensiles de cuisine en ma possession, de plus ma garde-
» robe complète, comprenant vêtements de toute espèce et linge
» de corps.

» Fait et écrit de ma main, en mon domicile, Passage de la
» Comédie,

» Amiens, ce dimanche, trente Août mil-huit cent-quarante-
» six et déclare nul tout autre testament de quelque date qu'il
» puisse être. »

« Signé : Mathieu-Joseph de LANSELLES. »

Cette libéralité s'est élevée, d'après l'inventaire de la succession, (déduction faite des legs particuliers) à la somme de . . . . 58.748 fr. 16 c.
indépendamment d'un titre de rente
5 0/0 sur l'État, de 1,200 francs,
représentant, au pair, la valeur de. 24.000 00

Ce qui produit un total de . . 82.748 fr. 16 c.

Le Maire, dans la séance du Conseil du 8 janvier 1849, en a proposé l'acceptation, n'oubliant point l'hommage à rendre à la mémoire du testateur, et en ajoutant que dans son opinion le meilleur usage à faire de cette importante ressource serait de l'appliquer à la construction du marché couvert.

Le Conseil Municipal voulant, par la fondation d'un monument utile, honorer et perpétuer la mémoire du généreux citoyen qui avait fait un si noble usage de sa fortune, a adopté la proposition de l'administration par délibération du 23 janvier 1849.

La ville d'Amiens a définitivement été autorisée, par décrêt du Président de la République du 27 mai suivant, à accepter ce legs, et à l'affecter à la construction projetée.

Aux termes d'une autre délibération, en date du 30 juin même année, approuvée par décret du gouvernement, du 10 décembre, un terrain de quinze mètres carrés a été consacré à perpétuité à la sépulture de M. de Lanselles, dans le cimetière de la Madeleine, (à l'extrémité Ouest de la plaine D), et un service solennel, comme première manifestation de la reconnaissance commune, a été célébré le vendredi 6 juillet 1849, à neuf heures et demie du matin, dans l'église Cathédrale, pour le repos de l'âme de ce bienfaiteur de la ville.

L'érection d'un mausolé dont le projet est en ce moment soumis au Conseil Municipal, sera bientôt l'occasion d'un nouveau témoignage public de gratitude envers lui.

Les ressources étant ainsi assurées, il n'y avait plus qu'un pas à faire pour la construction du Marché.

Un nouveau plan eût un instant l'adhésion du Conseil Municipal; mais sur le rapport, en date du 25 juillet 1849, d'une commission composée de MM. LEMERCHIER, PÉRU-LOREL, ALLART, DEHESDIN, BAZENERY, LAURENT et FÉVEZ, *Rapporteur*, et par délibération du 28 du même mois, prise après l'examen le plus approfondi, et conformément à l'avis des hommes de l'art les plus compétents, le Conseil adopta définitivement le projet actuel, dont l'auteur, M. ANTOINE, devenu depuis architecte de la ville, s'était déjà fait connaître par l'édification du piédestal de la statue de Du Cange et par la direction des travaux de la gare d'Amiens. Ce projet portant la date du 16 juillet 1849, se distingue tout à la fois par la simplicité de sa construction, son harmonie architecturale et l'heureuse entente des besoins d'un semblable établissement. Il a été approuvé par décision de M. le Ministre de l'Intérieur du 14 novembre suivant, sur l'avis favorable du Conseil général des bâtiments civils.

Aux termes d'un procès-verbal, en date du 29 décembre, approuvé le 29 janvier 1850 par M. le Préfet, M. LORMIER-TATTEGRAIN, entrepreneur de travaux publics, demeurant à Amiens, sur le Port d'Amont, a été déclaré adjudicataire des travaux de construction du marché couvert, moyennant un rabais de 16 3/4 pour 0/0 sur un devis montant à 84,000 francs.

L'entrepreneur s'est mis à l'œuvre au mois de février 1850, et son importante entreprise, dirigée avec activité et intelligence, a été heureusement achevée en octobre.

Elle a occasionné, en y comprenant divers travaux

supplémentaires et l'établissement des services d'eau et d'éclairage, une dépense totale de 90.000 fr.

Conformément aux cahiers des charges adoptés par le Conseil Municipal, dans sa séance du 27 septembre dernier, l'administration a procédé publiquement, le lundi 21 octobre, à la location, par voie d'enchères, des loges ou cases destinées aux marchandes de légumes et de fruits, location qui a produit . . . . 6.591 fr.
et le lendemain mardi 22, d'après le même mode, à l'adjudication du bureau de pesage, mesurage et jaugeage publics, qui a été affermé au sieur Duhamel-Masson, aubergiste à Amiens, chaussée St.-Leu, à l'enseigne du *Fourchet*, moyennant 4.100

Total du produit annuel du marché couvert. 10.691 fr.

Le Conseil Municipal ayant décidé, dans sa séance du 27 septembre, qu'une fête inaugurale aurait lieu pour l'ouverture de ce marché, le programme en a été arrêté, le 22 octobre, par le maire, dans les termes suivants:

I.

La cérémonie d'inauguration est fixée au Dimanche 27 Octobre, à midi. Elle sera annoncée au son de la grosse cloche du Beffroi.

II.

Le Corps Municipal se réunira à l'Hôtel-de-Ville à onze heures et demie, et se rendra sur les lieux, où il recevra les Autorités et le Clergé.

III.

Des inscriptions commémoratives de l'établissement de ce Marché y seront scellées par le Maire.

IV.

La bénédiction du nouvel édifice sera donnée par Monseigneur l'Evêque ou son délégué.

Un autel sera dressé à cet effet par les Dames de la Halle, avec le concours des habitants de la place du Marché.

V.

Dans l'après-midi et la soirée, des réjouissances auront lieu dans l'enceinte du nouvel édifice.

VI.

Le soir, la façade et l'intérieur de cet édifice seront pavoisés de drapeaux et illuminés en verres de couleur.

Monseigneur l'Évêque a été prié de venir bénir le nouvel édifice. Le clergé capitulaire et celui des paroisses ont été invités à se joindre à ce Prélat.

Des invitations pour cette fête ont été, en même temps, adressées à M. le premier Président de la Cour d'Appel, à M. le Préfet du département, à tous les autres magistrats, fonctionnaires et corps constitués de l'ordre judiciaire et de l'ordre administratif, aux autorités militaires et aux officiers de la garde nationale et de la garnison, aux sociétés savantes ou artistiques, etc., etc.

Enfin à M. Antoine, architecte de la ville et à M. Lormier-Tattegrain, entrepreneur des travaux de construction du Marché-de-Lanselles.

En exécution du programme, le *corps municipal* s'est rendu, à midi, de l'Hôtel-de-Ville dans le nouvel édifice, accompagné d'un piquet d'honneur de la garde nationale et des sergents-de-ville.

Un semblable piquet a été envoyé à la cathédrale à Monseigneur L'ÉVÊQUE qui est arrivé processionnellement, à la même heure, avec les membres de son chapitre et le clergé des paroisses.

Ce Prélat et son cortége ont pris place autour de l'autel.

Les autorités ont pris rang suivant l'ordre établi par le décret sur les préséances.

Un concours immense de citoyens était présent.

La grosse cloche du beffroi s'est fait entendre et la cérémonie a immédiatement commencé.

M. Louis-René-Désiré PORION, Maire de la ville, Membre de l'Assemblée nationale, Chevalier de la Légion d'Honneur, a prononcé le discours ci-après :

« MESSIEURS,

» Au mois de novembre 1848, M. de Lanselles mourait à Amiens en instituant la Ville sa légataire universelle.

» Homme sage et ami de l'étude, M. de Lanselles, né à Paris, en 1772, vivait dans nos murs depuis plus de trente années.

» Ses livres étaient son unique société ; modeste et ignoré, seul au monde, si je puis me servir de cette expression, ne se connaissant aucun parent, ainsi qu'il le dit dans son testament, il voulut par ses libéralités, témoigner ses sympathies à la Ville, au sein de laquelle il avait passé une grande partie de sa longue carrière.

» M. de Lanselles n'envisageait pas sans inquiétude la triste situation de la France au mois de juin 1848 ; peu de semaines avant sa mort, il écrivait à un ami malade :

« Comment ne pas souffrir par les temps malheureux où
» nous sommes et les tristes évènements qui se passent autour
» de nous. Dieu veuille avoir pitié de la France, car nous tra-
» versons une crise terrible et qui sait qu'elle en sera la
» fin !... »

» Comme nous tous, Messieurs, M. de Lanselles avait foi dans la Providence, et s'il n'a pas été donné à notre généreux compatriote de voir le triomphe complet des honnêtes gens, il a pu emporter dans la tombe cette pensée consolante que sa fortune utilement employée donnerait du travail à des bras inoccupés.

» Je suis heureux, Messieurs, de trouver ici l'occasion de féliciter les nombreux ouvriers de cette Ville de leur excellent esprit et des bons sentiments qui les animent.

» Comme nous, ils ont vu de près ces réformateurs de la veille, bientôt devenus les solliciteurs du lendemain ; comme nous, ils ont appris à mépriser ces égoïstes qui toujours cherchent à se servir du peuple comme d'un instrument qu'ils sont prêts à jeter de côté après l'avoir brisé à leur profit.

» Nous, au contraire, qui parfois avons su résister à ses erreurs ou à ses exigences passagères, nous avons la conviction d'avoir beaucoup fait pour lui, car nous croyons avoir contribué par notre conduite au retour de la confiance et à la consolidation de l'ordre, qui sera toujours, j'en ai la certitude, le Gouvernement de tous les vrais amis de la patrie.

» Restons unis, Messieurs, je vous en conjure, riches ou pauvres, agriculteurs ou industriels, ministres des autels, magistrats, propriétaires ou soldats, refoulons dans nos cœurs nos sympathies ou nos espérances, ne voyons que la France ; cette reine du monde, qui, quoiqu'il arrive et quoiqu'on fasse, saura toujours conserver la royauté de son génie, de son honneur et de sa gloire.

» Fions-nous au temps, le premier et le plus habile des négociateurs, et regardons comme un mauvais citoyen celui qui par esprit de parti sortirait de nos rangs.

» Ces pensées, elles étaient celles de M. de Lanselles, et le monument que nous devons à sa libéralité, à l'habileté de notre jeune architecte et à l'activité louable de l'entrepreneur, est une preuve de plus que la tranquillité peut seule faire entreprendre de grands et utiles travaux.

» Honneur donc à M. de Lanselles, honneur à sa noble pensée! Dans peu de jours, nous irons inaugurer au cimetière, le monument que notre reconnaissance fait élever à sa mémoire.

» Qu'il me soit permis de rappeler dans cette solennité le nom de M. Cozette, et en lui rendant un nouvel hommage, de dire à ceux qui souffrent, que bientôt ils trouveront dans l'intelligent emploi des sommes considérables à nous léguées par ce digne concitoyen, un soulagement à leurs infirmités ou à leur misère.

» Puisse ce marché, qui porte le nom de M. de Lanselles, et qu'un prélat entouré de nos respects a bien voulu bénir, donner l'aisance à tous ses locataires, à ces dames de la halle si connues par leur droiture et leur humanité.

» Que de fois elles ont consolé sur cette place l'homme que la justice allait frapper et qui trouvait auprès d'elles et du prêtre le courage de mourir!

» Triste et belle mission qu'elles se sont toujours imposée et qui leur a acquis l'estime publique! Qu'elles croient donc à la sincérité des vœux du Corps municipal et de la ville entière pour la prospérité de leur industrie dans ce nouvel établissement. »

Puis, accompagné de MM. Joseph DEBERLY, Joseph

Mancel et Hippolyte Févez, ses adjoints, et des autres Membres du Conseil Municipal, le Maire a reçu des mains de M. Louis-Henri Antoine, architecte de la ville, les outils nécessaires et a scellé de ses propres mains, sur la face intérieure de la cour de l'édifice, à droite et à gauche de la porte du Sud, deux plaques de zinc fondu contenant en lettres dorées sur fond bronze florentin, les inscriptions commémoratives suivantes :

CE MARCHÉ
AUX FRUITS ET AUX LÉGUMES
CONSTRUIT A L'AIDE DES FONDS LÉGUÉS
A LA VILLE D'AMIENS
PAR MATHIEU-JOSEPH DE LANSELLES,
EN VERTU D'UNE
DÉLIBÉRATION DU CONSEIL MUNICIPAL
DU 23 JANVIER 1849,
A ÉTÉ INAUGURÉ
LE DIMANCHE 27 OCTOBRE 1850,
ÉTANT MAIRE,
M. L. PORION, MEMBRE DE L'ASSEMBLÉE NATIONALE,
ADJOINTS,
MM DEBERLY, J. MANCEL, H. FÉVEZ,
M. ANTOINE, ARCHITECTE,
M. LORMIER-TATTEGRAIN, ENTREPRENEUR.

EXTRAIT DU TESTAMENT
DE MATHIEU-JOSEPH DE LANSELLES
DÉCÉDÉ A AMIENS LE 17 NOVEMBRE 1848.
(DÉPOSÉ CHEZ M.ᵉ RIQUIER, NOTAIRE.)
AU NOM ET EN PRÉSENCE DE LA TRÈS-
SAINTE-TRINITÉ, DIEU PÈRE, FILS ET
SAINT-ESPRIT,

JE DÉCLARE CECI ÊTRE MON TESTAMENT :
N'AYANT AUCUNE PERSONNE DE PARENTÉ
PROCHAINE OU ÉLOIGNÉE QUI PUISSE
PRÉTENDRE A MA SUCCESSION, J'INSTITUE
COMME MON LÉGATAIRE UNIVERSEL
LA VILLE D'AMIENS A QUI JE LAISSE
TOUS MES BIENS, MEUBLES ET IMMEUBLES,
POUR, APRÈS MON DÉCÈS, EN JOUIR EN
TOUTE PROPRIÉTÉ....

Amiens, le Dimanche 30 Août 1846.

Monseigneur l'Evêque prenant ensuite la parole, s'est exprimé en ces termes :

« Monsieur le Maire, Messieurs,

» Je voudrais que ma voix pût dominer les bruits que nous envoient les flots de la foule qui se presse autour de cette enceinte, pour vous dire avec quel bonheur nous venons, obéissant à vos désirs, mêler les bénédictions et les prières de l'église à cette fête civile.

» L'église, vous l'avez compris, ne saurait être indifférente à rien de ce qui intéresse le côté même temporel de l'existence de ses enfants.

» Mais, de plus, les deux côtés de l'existence humaine ont des rapports nécessaires, sont reliés par un nœud qui ne fut jamais plus visible que de nos jours. Comment méconnaître l'unité, la merveilleuse harmonie du plan divin de ce monde, après tant de fatales épreuves qui ont montré que la terre n'essai jamais de s'enfuir loin du ciel sans rencontrer des abimes ?

» La place de la religion n'est donc pas seulement dans ses temples où elle met l'homme en possession de ses immortelles destinées. Dans toutes les phases de son existence périssable, l'homme, la société ont quelque chose à demander à la religion qu'elle seule peut leur donner. La cité terrestre, quoiqu'essentiellement distincte de la cité divine, est forcée d'appuyer sur elle toutes ses bases. Parcourez les institutions, les monuments qui représentent les accidents divers, les besoins de la vie des peuples, et il sera facile de vous convaincre que vous ne pouvez exclure la religion sans faire une souffrance ou une ruine.

» Que la religion disparaisse de vos hôpitaux, et qui remplacera auprès de vos malades ces anges terrestres que l'église seule enfante et qui endorment les douleurs même de la mort dans les espérances de la vie future?

» Que la religion soit bannie de nos prisons, et il ne vous restera qu'à graver sur leur frontispice l'inscription de l'Enfer du Dante. Avec la religion, un rayon d'espérance éclaire la nuit que vous avez faite autour du crime. Après que la société a condamné, la religion pardonne : elle a refait l'innocence avec le repentir; le cachot fermé à jamais du côté de la terre s'ouvre vers le ciel, et la mort, acceptée comme une expiation, n'est que le passage à l'immortalité.

» Exilez la religion des camps, et vous dessécherez peu à peu la source de ces admirables sentiments, suivant la remarque de Montesquieu, et qui ont fait du caractère du guerrier, dans les temps modernes, une des créations qui honorent le plus la nature humaine.

» L'intervention de la religion est particulièrement nécessaire, qui pourrait le méconnaître, dans les transactions humaines.

» Otez le ciel, et il ne reste plus que la terre. Cette terre et les biens qu'elle produit deviennent le terme suprême, la fin dernière de la destinée et de l'activité de l'homme. Il faut posséder, jouir, et le plus tôt possible, et n'importe à quel prix, car la vie marche rapidement vers la mort : et ce qui nous attend au-delà de la mort, on ne s'en occupe pas. A quels excès le cœur de l'homme ne sera-t-il pas fatalement poussé par cette soif du gain, qui n'est plus seulement l'instinct, mais qui devient la loi invincible de la nature ! Le commerce, l'industrie ne seront que le champ clos où tous les intérêts opposés combattront à outrance, armés de la fraude, de l'injustice, du mensonge.

« Les intérêts individuels, ces sauvages enfants de l'égoïsme, naturellement ennemis, — il est impossible de ne pas le reconnaître, — la religion seule peut les civiliser, parce que la religion seule leur montre dans la justice de Dieu, source première des principes d'équité qui sont le lien de la société humaine, une règle souveraine, inflexible ; et qu'elle a pour les enchaîner à cette règle le seul frein capable de contenir les désirs indomptés du cœur de l'homme, l'espérance du ciel, la crainte de l'enfer. Les biens d'un jour dont l'équité impose le sacrifice, la religion les solde d'avance avec des biens impérissables. Elle trouve ainsi dans les trésors de l'éternité l'appoint des transactions du temps. L'honnêteté n'est plus seulement le plus noble, mais le plus intelligent de tous les calculs.

« Les préoccupations de la vie future n'excluent point chez l'homme qui comprend les prescriptions du christianisme les soins raisonnables de la vie présente. Ce commerce avec le ciel, qui est la première affaire du chrétien, ne l'appauvrit point sur la terre.

« Car d'abord, qui ne voit que, à ne considérer même que la vie présente, la première condition de l'aisance, le premier pas vers la fortune est pour l'homme, pour la famille, dans ces vertus même où la religion montre les conditions essentielles du salut, la route du ciel, je veux dire l'ordre, l'économie, la tempérance, la sobriété. Comment se dissimuler que la source d'où découle, hélas ! le plus fatalement la misère du peuple est dans les vices que la religion travaille incessamment à extirper de ses habitudes.

» Mais de plus, comment craindriez-vous qu'en parlant à l'homme des biens de la vie future, la religion l'endorme et ralentisse l'essor de son activité dans la vie présente? La loi du travail, ce mystère qui échappe à la philosophie, la religion le révèle au peuple. La répugnance que l'homme éprouve pour le travail, elle lui en donne la raison. L'homme n'était pas né pour le travail tel qu'il lui est imposé aujourd'hui ; c'est le péché qui a desséché dans le sein de la terre les bénédictions célestes, qui l'a couverte de ronces et d'épines, qui a fait qu'elle ne laisse échapper les fruits qui nourrissent l'homme qu'a regret, pour ainsi-dire, arrosée par ses sueurs et vaincue par son travail. Ce n'est qu'en travaillant la terre que l'homme peut conquérir le ciel. Le travail sous une forme ou sous une autre est la grande expiation imposée par la justice de Dieu à tous les enfants d'Adam. Malheur à celui qui voudrait s'y dérober ! Malheur à ceux qui, comme parle l'Ecriture, ne sont point dans les travaux des hommes ! Ils n'auront au dernier jour aucun droit aux récompenses promises à l'humanité.

» Ces vérités que je regrette de ne pouvoir pas développer en ce moment, et où nous trouverions le mot des problèmes qui préoccupent, qui épouvantent le monde. Ces vérités furent révélées avec le catéchisme à ces femmes pour qui a été particulièrement élevé le monument que nous allons bénir. Delà ces habitudes, bonnes, laborieuses, respectables qui les distinguent et que le premier magistrat de cette cité louait avec tant de raison.

» Puissent les bénédictions de la religion appeler dans cette enceinte, avec l'abondance des biens de la terre, les vertus qui font que suivant le mot de l'église nous traversons ces biens périssables de manière à ne pas perdre les biens éternels. »

Après ce discours, on a procédé à la cérémonie de la bénédiction.

Placé sur le dégré le plus élevé de l'autel, Monseigneur a chanté les *Versets* et l'*Oraison* marqués dans le Rituel. L'*Oraison* finie, les chantres ont entonné le psaume : *Nisi Dominus œdificaverit domun.* Au second verset la procession s'est mise en marche : elle a fait le tour du Marché, à l'intérieur et à l'extérieur. Pendant ce temps, Monseigneur a jeté de l'eau bénite sur les murailles.

La cérémonie s'est terminée par la bénédiction solennelle que Monseigneur a donnée à tout le peuple ;

Et il en a été dressé le présent procès-verbal, lequel a été signé par les notabilités et les citoyens qui ont répondu aux invitations du Maire. (*Suivent les signatures.*)

A sept heures du soir, un bal a été donné par la ville aux dames de la halle dans l'enceinte de l'édifice. Quatorze cents cartes d'invitations avaient été distribuées. Le monument était illuminé et les galeries étaient éclairées par des girandoles et des lustres formés de plus de quatre mille verres de couleur.

Avant l'ouverture du bal, les dames de la halle ont fait présenter un bouquet par la jeune Clémence Magnier, à M. le Maire et aux autres Membres de l'administration municipale, ainsi qu'à l'Architecte. Cette jeune fille a lu, en même temps, le compliment qui suit :

« Monsieur le Maire,

« En ce jour où les pompes de la religion sont venues consacrer l'œuvre d'une bienfaisance éclairée, et où nous voyons réuni ici tout ce que notre populeuse ville compte de plus éminent, souffrez, qu'au nom de toutes mes compagnes, je vous offre, à vous, son premier magistrat, le tribut de nos respectueux hommages et de nos sincères remercîments.

« Votre sollicitude présente nous est un gage de votre sollicitude future ; nous voulons dire que la protection que votre administration prodigue à tous les intérêts s'étendra sur nous, et ce jour, que votre présence au milieu de nous rend si solennel, sera, nous en avons la confiance, un beau jour, un de ces jours dont notre cœur gardera le souvenir.

» Recevez, Monsieur le Maire, ce simple bouquet ; il ne durera pas, lui ; mais nos sentiments demeureront toujours, je vous en donne l'assurance. »

Amiens. — Imprimerie de Duval et Herment.

www.ingramcontent.com/pod-product-compliance
Lightning Source LLC
Chambersburg PA
CBHW060638050426
42451CB00012B/2651